U0513625

新新世纪 ◎ 编

藏在古文观止里的

那些事儿

⑤
汉文

新疆生产建设兵团出版社

《古文观止》中的
那些 经典语句

贾 谊 仁义不施，而攻守之势异也。

◎《过秦论》（上）

司马相如 盖明者远见于未萌，而知者避危于无形，祸固多藏于隐微，而发于人之所忽者也。

◎《上书谏猎》

李 陵 人之相知，贵相知心。

◎《答苏武书》

马 援 所谓画虎不成反类狗者也。

◎《诫兄子严敦书》

诸葛亮 亲贤臣，远小人，此先汉所以兴隆也；亲小人，远贤臣，此后汉所以倾颓也。

◎《前出师表》

诸葛亮 臣鞠躬尽力，死而后已。

◎《后出师表》

目 录

汉文

以史为鉴知兴替

贾谊

　　贾谊，西汉政论家、文学家，世称贾生。少年时即博学能文，二十余岁召为博士，为汉文帝所赏识，曾任太中大夫，主张改革政制，遭到保守派周勃、灌婴等人的反对，后被贬为长沙王太傅。四年后复召回朝，拜为梁怀王太傅。怀王坠马而死，贾谊郁郁自伤，一年后去世，年仅三十三岁。

过秦论（上）

　　秦孝公凭着崤山和函谷关的险固，拥有雍州肥沃的土地，君臣上下固守，伺机篡夺周王朝的政权；他们怀有席卷天下、征服各国、统一四海的志向，并吞八方的野心。在这个时候，商鞅开始辅佐孝公，他对内建立法律制度，发展农业和纺织，整修攻守的装备；对外实行连横政策，使诸侯们自相争斗。于是，秦国人不费任何劳苦便取得了西河以外的土地。

　　秦孝公死后，惠文王、武王、昭襄王都是继承上一代留下的基业，遵照前人的策略，秦国因而向南取得了汉中，向西攻占了巴蜀，在东边割取了肥沃的土地，接收了重要的州郡。诸侯们都感到恐惧，于是会盟共谋削弱秦国之计，不惜用珍奇的器物、贵重的财宝和肥沃的土地来招纳天下贤才，缔结合纵的盟约，结为一体，联合抗秦。在这个时候，齐国有孟尝君，赵国有平原君，楚国有春申君，魏国有信陵君，这四个人，都是明智忠信、宽厚爱人、礼贤下士的君子，他们约定合纵以拆散连横，联合了韩、魏、燕、楚、齐、赵、宋、卫、中山等国的抗秦力量。于是六国的士人当中，有甯（níng）越、徐尚、苏秦、杜赫这些人帮着出谋划策；有齐明、周最、陈轸（zhěn）、召滑、楼缓、翟（zhái）景、苏厉、乐毅这些人来沟通各国的意见；有吴起、孙膑、带佗、倪（ní）良、王廖、田忌、廉颇、赵奢一批人来统率各国的军队。他们曾以十倍于秦国的土地、上百万的兵力，直抵函谷关攻打秦国。秦国的军队开关迎战，九国的军队都疑惧退缩，争相逃亡而不敢前进。秦国没有耗费一支箭、一个箭头，天下的诸侯就已经疲惫了。于是合纵的盟约解散了，各国争相割让土地以贿赂秦国。秦国因而有余力利用诸侯的疲惫去制服他们，追逐那些逃亡败北的军队，横在地上的尸首多达上百万，流的血可以漂起盾牌。秦国趁着有利的时机，宰割天下诸侯，分裂诸侯的土地，于是强国请求归服，弱国前来朝拜。传到孝文王、庄襄王，他们在位的日子短，国家没什么大事。

秦始皇即位以后，光大了六代祖先遗留下来的辉煌功业，挥动长鞭来驾驭天下，吞并了东西二周，灭亡了各国诸侯，登上了至高无上的皇帝宝座，控制了上下四方，拿着棍棒奴役天下人民，威震四海。他又在南方占领了百越的土地，改设为桂林、象郡，百越的君主低着头，脖子上系着绳子，把生命交给秦朝的小官吏处置。他还派蒙恬（tián）到北方修筑长城，固守边境，

将匈奴击退到七百多里之外，胡人不敢南下放牧，他们的士卒也不敢张开弓箭前来报仇。于是他废除了先王的治国之道，烧毁了诸子百家的书籍，为的是愚昧百姓；他拆毁了著名的城池，大肆杀戮（lù）天下的英雄豪杰，搜集天下的兵器而聚之于咸阳，并销熔了这些刀箭，铸成十二个金人，想以此来削弱天下百姓的力量。然后他将华山作为城墙，将黄河作为护城河，据守亿丈之高的城垣（yuán），下临深不可测的河水，自以为很坚固了。又有优秀的将帅、强劲的弓弩防守在险要的地方；亲信的臣子、精锐的士卒拿着锐利的武器，又有谁敢怎样呢？天下已经平定，秦始皇的心中，自以为关中的险固，真像千里的钢铁之城，可以作为子孙万代做皇帝的基业了。秦始皇死后，他的余威仍然震慑着与秦国风俗不同的边远地区。

然而陈涉这个用破瓮做窗洞、用绳子拴门户的穷苦子弟，一个替人种田的仆役，又是个被发配充军的人，他的才智比不上一般人，没有孔子、墨子那样的贤能，没有陶朱公、猗（yī）顿那样的财富；只是夹杂在戍卒的队伍里面，奋起于村野百姓之间，率领着疲惫散乱的士卒，指挥几百人组成的军队，反过来攻打秦朝。他们砍伐树木作为武器，举起竹竿作为大旗，却得到天下人民如云般地聚集响应；老百姓自己带着粮食，如影子一样地跟从着他，山东的豪杰俊士于是蜂拥而起，开始灭亡秦族了。

再说秦国的天下并非又小又弱的，雍州的土地，崤山、函谷关那样的险固，还是和从前一样；陈涉的地位，比不上从前齐、楚、燕、赵、韩、魏、宋、卫、中山各国君主的尊贵；锄头、櫌<ruby>櫌<rt>yōu</rt></ruby>枣木棍，比不上长钩、长戟、长矛等兵器的锐利；被发配去边境服役的一帮人，也不能和九国的正规军队相提并论；深谋远虑、行军用兵的战略战术，也赶不上从前诸侯的谋士们，然而成功与失败却截然不同，功业上的建树也恰恰相反，为什么呢？假使让从前殽山以东的诸侯跟陈涉比较粗细短长、权势力量，那简直是不能相提并论的。但是当年秦国以它那一点点地方，发展到成为拥有万乘兵车的大国，取得了八州的土地，使原来和秦国地位相等的诸侯前来朝拜，也有一百多年了。此后才把天下合为一家，把殽山、函谷关当作宫室。结果一个人起来发难，却使得宗庙都被毁掉了，成为天下人的笑柄，这是什么原因呢？这就是因为不能施行仁义，所以攻守的势态也就迥异了。

原文欣赏

　　秦孝公据崤函之固①，拥雍州之地，君臣固守以窥周室，有席卷天下，包举宇内，囊括四海之意，并吞八荒之心。当是时也，商君佐之，内立法度，务耕织，修守战之具，外连衡②而斗诸侯。于是秦人拱手而取西河之外。

　　孝公既没，惠文、武、昭襄蒙故业，因遗策，南取汉中，西举巴、蜀，东割膏腴之地，北收要害之郡。诸侯恐惧，会盟而谋弱秦，不爱珍器重宝肥饶之地，以致天下之士，合从③缔交，相与为一。当此之时，齐有孟尝，赵有平原，楚有春申，魏有信陵。此四君者，皆明智而忠信，宽厚而爱人，尊贤而重士，约从离衡，兼韩、魏、燕、楚、齐、赵、宋、卫、中山之众。于是六国之士，有宁越、徐尚、苏秦、杜赫之属为之谋，齐明、周最、陈轸、召滑、楼缓、翟景、苏厉、乐毅之徒通其意，吴起、孙膑、带佗、倪良、王廖、田忌、廉颇、赵奢之伦制其兵。尝以十倍之地，百万之众，叩关而攻秦。秦人开关延敌，九国之师，逡巡而不敢进。秦无亡矢遗镞（zú）之费，而天下诸侯已困矣。于是从散约败，争割地而赂秦。秦有余力而制其弊，追亡逐北，伏尸百万，流血漂橹；因利乘便，宰割天下，分裂山河。强国请服，弱国入朝。延及孝文王、庄襄王，享国之日浅，国家无事。

及至始皇，奋六世之余烈，振长策而御宇内，吞二周而亡诸侯，履至尊而制六合，执敲扑^④而鞭笞^{chī}天下，威振四海。南取百越之地，以为桂林、象郡；百越之君，俯^{fǔ}首系颈，委命下吏。乃使蒙恬北筑长城而守藩篱，却匈奴七百余里；胡人不敢南下而牧马，士不敢弯弓而报怨。于是废先王之道，焚^{fén}百家之言，以愚黔首^⑤；隳^{huī}^⑥名城，杀豪杰；收天下之兵，聚之咸阳，销锋镝^{dí}^⑦，铸以为金人十二，以弱天下之民。然后践华为城，因河为池，据亿丈之城，临不测之渊，以为固。良将劲弩守要害之处，信臣精卒陈利兵而谁何。天下已定，始皇之心，自以为关中之固，金城千里，子孙帝王万世之业也。

始皇既没，余威震于殊俗。然陈涉瓮牖^{yǒu}^⑧绳枢之子，氓隶^{méng}^⑨之人，而迁徙之徒也；才能不及中人，非有仲尼、墨翟之贤，陶朱、猗顿之富；蹑足行伍之间，而倔起^⑩阡陌之中，率疲弊之卒，将数百之众，转而攻秦；斩木为兵，揭竿为旗，天下云集响应，赢粮而景^{yǐng}从^⑪。山东豪俊遂并起而亡秦族矣。

且夫天下非小弱也，雍州之地，崤函之固，自若也。陈涉之位，非尊于齐、楚、燕、赵、韩、魏、宋、卫、中山之君也；锄耰棘矜^{qín}^⑫，非铦^{xiān}于钩

戟长铩^{shā}也；谪戍之众，非抗于九国之师也；深谋远虑，行军用兵之道，非及乡时之士也。然而成败异变，功业相反，何也？试使山东之国与陈涉度长絜^{xié}⑬大，比权量力，则不可同年而语矣。然秦以区区之地，致万乘之势，序八州而朝同列，百有余年矣；然后以六合为家，崤函为宫；一夫作难而七庙隳，身死人手，为天下笑者，何也？仁义不施而攻守之势异也。

注释

①崤函：崤山与函谷关。②连衡：亦作"连横"。③合从：即合纵。④敲扑：行刑用的棍子。⑤黔首：秦朝对百姓的称呼。⑥隳：毁坏。⑦镝：箭头。⑧瓮牖：以破瓮作为窗户，形容贫穷。⑨氓隶：指下层百姓。⑩倔起：兴起。⑪赢：担负。景：同"影"。⑫耰：平整土地所用的一种农具。棘矜：枣木棍。⑬絜：衡量。

写作技巧

先扬后抑

1. 先扬
① 前半部分写秦的强盛
② 秦朝的盛势达到极致

2. 后抑
① 后半部分写秦亡的过程
② 极言秦朝失天下之易

3. 前后对比
① 形成鲜明对比，给读者以强烈震撼
② 揭示主旨：统一天下后，应该施行仁政

司马相如

　　司马相如，西汉著名文学家，字长卿，蜀郡成都人。汉景帝时为武骑常侍，后因病免官，为梁孝王门客。汉武帝欣赏他的辞赋，召其为郎，升孝文园令。所作辞赋以《子虚赋》《上林赋》为代表。其作品内容主要围绕田猎盛况、宫苑的豪华壮丽、帝王的权势等而作，是典型的宫廷文学。

上书谏猎

　　司马相如跟随汉武帝到长杨宫打猎。那时天子正喜好亲自射击熊或野猪一类的野兽，常常驱车策马进行追赶，司马相如为此上书规劝说：

　　"臣听说事物有虽然同是一类而功能各不相同的说法，所以同是勇士，谈到力气大要数乌获，谈到敏捷要数庆忌，谈到勇猛则要数孟贲（bēn）、夏育。以臣下的愚陋之见，私下里觉得人类固然有这种现象，野兽也一样。如今陛下喜好跨越险阻，射猎猛兽，万一突然遇上了凶猛异常的野兽，使它在走投无路的境遇下惊慌起来，猛然前来扑袭皇上的车驾，车辆来不及掉头，身边的武将卫士来不及施展武艺，即使有乌获、逢蒙一样的技艺也派不上用场，再加上枯木朽树都会成为逃避躲闪的障碍。这种情形就好像胡兵越卒突然从车底涌出，羌（qiāng）人夷骑在车后追赶，

这难道不是危险的事吗？就算是防护措施周全，万无一失，那些危险的地方也不是天子应该接近的。

"况且天子外出，即使派人先清理了道路而后行走，在大道上驱驰，尚且有时会发生马咬断嚼子、车子散架的事故；何况涉足在茂密的草丛之中，驰骋在山丘原野之上。眼前有猎杀野兽的乐趣，而心中却没有对发生意外的防备，这样的情况下遭遇危险恐怕是很容易的！放弃天子的尊贵，不顾自己的安全，喜欢在有危险的地方寻欢作乐，我私下以为陛下这样做是不可取的。

"大凡英明的人都能够在事情尚未萌发之前就有预见，有智慧的人能在危险尚未形成之前便予以避免，灾祸往往隐藏在隐蔽而不易被察觉的地方，发生在人们疏忽大意的时候。所以俗话说：'家中富千金，不坐屋檐下。'此话虽然说的是小事情，却可以用来借喻大的事情。臣希望陛下留意明察这一点。"

相如从上至长杨猎①。是时天子方好自击熊豕，驰逐埜兽。相如因上疏谏曰：

"臣闻物有同类而殊能者，故力称乌获，捷言庆忌，勇期贲、育②。臣之愚，窃以为人诚有之，兽亦宜然。今陛下好陵阻险，射猛兽，卒然遇逸材之兽③，骇不存之地，犯属车之清尘，舆不及还辕，人不暇施巧，虽有乌获、逢蒙④之技不得用，枯木朽株尽为难矣。是胡越起于毂下，而羌、夷接轸⑤也，岂不殆哉？虽万全而无患，然本非天子之所宜近也。

"且夫清道而后行，中路而驰，犹时有衔橛之变⑥，况乎涉丰草，骋丘墟，前有利兽之乐，而内无存变之意，其为害也不亦难矣！夫轻万乘之重，不以为安，乐出万有一危之涂以为娱，臣窃为陛下不取。

"盖明者远见于未萌，而知者避危于无形，祸固多藏于隐微，而发于人之所忽者也。故鄙谚曰：'家累千金，坐不垂堂。'此言虽小，可以喻大。臣愿陛下留意幸察。"

注释

① 长杨：秦宫殿名，故址在今陕西周至。② 期：一定。贲、育：战国时的勇士孟贲和夏育。③ 逸材：才能超群。④ 逢蒙：古代善于射箭的人。⑤ 轸：车厢底框。⑥ 衔：马嚼子。橛：固定车厢底部与车轴之间的木橛。

写作技巧

①以人兽对举的方式，说明打猎的危险性

司马相如的劝谏技巧

②对比说理，来告诫汉武帝要谨防不测

③告诫汉武帝要时常保持忧患意识

李陵

  李陵，字少卿，陇西成纪（今甘肃静宁县南）人。西汉将领，飞将军李广的孙子。曾多次率军与匈奴作战，后来因战败投降匈奴，汉武帝一怒之下，夷其三族。李陵身负家仇，断绝了与汉朝的关系。李陵一生充满国仇家恨的矛盾，而后世对他的评价也多有分歧。

答苏武书

子卿足下：

您努力地发扬美德，在政治清明的时代担任官职，荣誉传扬四方，真是太好了！真是太好了！

远离故土而寄身异国，这是古人常常感到悲伤的事情，我望着风儿向南吹，怀想着家乡的故旧亲朋，哪能不让我产生依依眷恋之情呢！感谢您之前对我的不遗弃，从遥远的地方写回信给我，殷勤地安慰和教导我，情意之深超过了亲生骨肉，我虽然为人愚钝，又怎能不感动呢！

自从我当初降归匈奴，直到现在，一个人困窘无聊，常常独坐发愁，苦闷难解。终日里看不见别的，眼前只有异乡异物；抵御风雨用的是皮衣毛毡，充饥解渴吃的是羊肉乳酪；抬眼四望，能跟谁一起谈笑欢乐呢？匈奴居住的地方冰雪覆盖，塞外

的土地也因寒冻而龟(jūn)裂，耳边只听到悲风萧瑟的声音。每逢凉秋九月，塞外的草木枯萎凋零，我时常夜不能寐，于是侧耳细听夜间的声响，远处的胡笳(jiā)声此起彼伏，牧马在寒夜中悲哀地嘶叫，各种各样的呼啸悲鸣声交织在一起，混合成这特有的边地之声从四面传来。清晨起来坐着，听到这些声音，不觉潸(shān)然泪下。唉！子卿啊，我李陵的感情难道和别人有什么不同吗？又怎能不感到悲伤呢！

自从和您分手后，越发地感到无聊。上念我那老母亲，临到暮年还遭到杀戮；我的妻子儿女并无罪过，却也一同惨遭不测。我李陵有负国家的恩义，为世人所耻笑。您回到祖国接受荣誉，我留在这里蒙受耻辱，这是怎样的命运啊！我生长于礼义之乡，却加入未开化的民族中生活，背弃了君主亲人对我的恩德，长久居处在蛮夷的地域，这真是让人悲伤啊！让先父的后嗣，变成了戎狄的族人，想到这里自己就暗自悲伤！我功大罪小，但得不到主上的明察，辜负了我的一片苦心，每当想到此处，就忽然忘了还活在人世。我并不是难于做到在心上刺字来表明自己的心愿，挥剑自刎以昭明自己的意志，只不过想到国家对我已经恩断义绝，自杀不但毫无益处，反而更增加了羞耻，因此每当我感到羞辱之情难以忍受，因为愤慨而捋袖攥拳的时候，又常常是意气消散，苟活了下来。左右的人见到我这个样子，便制造一些我不喜欢的欢乐来安慰鼓励我。这异国人认为的欢乐，只能是让人悲伤，增加忧愁而已。

唉，子卿，人与人的相知，贵在了解对方的心思。前次仓促去信，未能将心中的话尽皆说出，因此这里再简略地说说吧。昔日先帝给了我步兵五千，让我到遥远的地方出征，五名将领都走错了路，唯独我的军队遭遇了敌人，我带着能征战万里的粮食，率领着这些步卒，走出了大汉边境，进入到强悍的匈奴所在的地域；以区区五千之众，对抗敌人十万大军。我指挥着疲劳的战士，抵挡敌人刚刚出营的骑兵。尽管如此，战士们仍然能斩将夺旗，向北追击逃亡的敌人，就像消灭脚印、扫除尘土一样地斩杀敌人的悍将，使得我三军将士，个个视死如归。李陵不才，但也希望担当重任，心想这时的功劳，实在是寻常难以比拟的了。

匈奴战败之后，举国征兵出动，重新挑选精兵超过十万，单于亲临阵前，指挥包围我军。敌我双方的形势不能相比，步

兵与骑兵对抗则更显力量悬殊。本已疲惫不堪的士兵再次迎战，一个人要对付上千的敌军，尽管如此，战士们仍然忍着创伤和

疼痛，豁出性命不顾，争先恐后地冲向敌阵。死伤的士兵积满荒野，剩下的不足百人，而且都带着伤病，拿不动武器；然而，每当我振臂一呼，身带创伤疾病的士兵皆愤然而起，举起刀剑冲向敌人，吓得敌骑四处奔逃。到最后武器用完，箭支射尽，战士们手无寸铁，身无盔甲，仍然空手昂头奋力呼喊，争先恐后地抢登高地。那时候，天地为我震动发怒，战士为我饮血吞泪！单于认为不可能再捉住我了，便打算撤军。没料到贼臣告诉他我们已是死伤大半、筋疲力尽，于是又来与我交战，因此李陵终不免战败被俘啊。

过去高皇帝率领三十万的军队，还被困在平城。那个时候，他手下猛将如云，谋臣如雨，尚且七天吃不上饭，只不过免于被歼灭。何况我抵挡的是十万大军，难道是容易对付的吗？可是皇上身边人的那些议论，只是一味地怨我不以死报国。我没有为国而死，这是罪过，但子卿你看李陵的为人，难道是贪生怕死的人吗？是那种宁愿背弃君主，撇下妻子和儿女，反而觉得对自己有利的人吗？我之所以不死，是想有所作为啊！想像前次书信中说的那样，要报恩于天子罢了。这实在是认为无谓地死去还不如有所建树，毁灭自己不如报答恩德啊。昔日范蠡（kuài）不为越国在会（kuài）稽蒙受的耻辱而殉难，曹沫不因为三次战败的耻辱而去死，才最终报了越王勾践的仇，雪了鲁国的耻。我小小的心愿，不过是钦佩并想效仿他们而已。没想到志愿没有达到而怨恨已经形成，计划没有实行而亲人遭到杀戮，这是我仰天

<ruby>椎<rt>chuí</rt></ruby>心泣血的原因呀！

　　足下又说："汉朝对待功臣不薄。"您身为汉臣，怎能不这样说呢！过去萧何、樊<ruby>哙<rt>kuài</rt></ruby>被逮入狱，韩信、彭越被剁成肉酱，<ruby>晁<rt>cháo</rt></ruby>错遭到杀戮，周勃、魏其侯被治罪，其余辅佐天子、建立功勋的人士，像贾谊、周亚夫一类的人，都是安邦济世的人才，怀抱将相的才干，但是受到小人的诽谤，都受到了杀戮或是贬黜的耻辱，最终只能是空怀才干而遭受诽谤，能力得不到施展。贾、周二人的死，谁能不为他们痛心呢？我死去的祖父身为将军，功劳和谋略压倒天下，忠义和勇猛居三军之首，只是因为没有迎合富贵权臣的心意，结果自杀在极远的异域。这就是功臣义士背着长戟而叹息的原因啊！又怎么能说朝廷待忠臣不薄呢？

　　再说，足下过去只凭着单车使者的身份出使到强大的匈奴，因为时机不对，遭遇变故，以至于拔剑自杀，不顾性命，颠沛流离，千辛万苦，几乎死在朔北的荒野上。你壮年奉命出使，到头发尽白才得以回归祖国，母亲已然去世，妻子也改嫁他人，这样的事是天下罕见、古今都没有的。匈奴尚且赞许您的气节，何况身为天下之主的天子呢？李陵本以为足下可以享有封土，接受千乘车马的赏赐，但听说您回国之后，赏钱不过二百万，官位不过是典属国，没有尺寸的封地来嘉奖您的辛劳。而那些妨碍功臣、陷害贤能的奸<ruby>佞<rt>nìng</rt></ruby>之臣却都做了万户侯，皇亲国戚、贪婪奸邪全都成了朝廷的高官。您尚且如此，我还能有什么指望呢？

29

再说汉朝因为我没有以死报国而残酷地诛杀我全家，以微薄的赏赐来表彰您的坚守气节，如此这般而想让在远处听命的臣子望风归服、奔波效命，这实在是难以做到的；这就是我每次回首往事而并不后悔的缘故。我虽然辜负了汉朝的恩情，但汉朝也有负德行。以前的人曾经说过："虽然忠诚但并不死节，也能做到视死如归。"我固然能安心地去以死报国，可皇上难道还能怀念我吗？男儿活着不能成就声名，死后就葬在蛮夷的土地上，谁还肯屈身叩头请罪，以求回到朝廷，让刀笔吏舞文弄墨，随意胡说呢！请足下不要再指望我回去了。

　　唉！子卿，还说什么呢！咱们相隔万里，往来断绝，活着的时候是两个世界的人，死了以后也是不同地域的鬼，永远与足下生离死别而不能相见了！希望将我的谢意带给老朋友们吧，也希望你们能够努力地侍奉圣明的君主。足下的亲生儿子在这里挺好的，请勿挂念。望你多保重自己，时常借着北风，再给我带来你的教诲。李陵顿首拜上。

原文欣赏

子卿①足下:

勤宣令德，策名清时，荣问②休畅，幸甚，幸甚！远托异国，昔人所悲，望风怀想，能不依依！昔者不遗，远辱还答，慰诲勤勤，有逾骨肉，陵虽不敏，能不慨然！

自从初降，以至今日，身之穷困，独坐愁苦。终日无睹，但见异类。韦韝毳幕③（gōu cuì），以御风雨；膻（shān）肉酪浆，以充饥渴；举目言笑，谁与为欢？胡地玄冰，边土惨裂，但闻悲风萧条之声。凉秋九月，塞外草衰，夜不能寐，侧耳远听，胡笳互动，牧马悲鸣，吟啸成群，边声四起。晨坐听之，不觉泪下。嗟乎，子卿！陵独何心，能不悲哉！

与子别后，益复无聊。上念老母，临年被戮；妻子无辜，并为鲵鲵④（ní）；身负国恩，为世所悲。子归受荣，我留受辱，命也何如！身出礼义之乡，而入无知之俗，违弃君亲之恩，长为蛮夷之域，伤已！令先君之嗣，更成戎狄之族，又自悲矣！功大罪小，不蒙明察，孤负陵心区区之意。每一念至，忽然忘生。陵不难刺心以自明，刎颈以见志，顾国家于我已矣，杀身无益，适足增羞，故每攘臂⑤忍辱，辄复苟活。左右之人，见陵如此，以为不入耳之欢，来相劝勉。异方之乐，祇（zhǐ）令人悲，增忉怛⑥（dāo dá）耳。

嗟乎，子卿！人之相知，贵相知心。前书仓卒未尽所怀，故复略而言之。昔先帝授陵步卒五千，出征绝域，五将失道，陵独遇战。而裹万里之粮，帅徒步之师，出天汉之外，入强胡之域，以五千之众，对十万之军，策疲乏之兵，当新羁之马。然犹斩将搴旗，追奔逐北，灭迹扫尘，斩其枭帅⑦，使三军之士视死如归。陵也不才，希当大任，意谓此时，功难堪矣。

匈奴既败，举国兴师，更练⑧精兵，强逾十万，单于临阵，亲自合围。客主之形，既不相如；步马之势，又甚悬绝。疲兵再战，一以当千，然犹扶乘创痛，决命争首。死伤积野，余不满百，而皆扶病，不任干戈。然陵振臂一呼，创病皆起，举刃指虏，胡马奔走；兵尽矢穷，人无尺铁，犹复徒首奋呼，争为先登。当此时也，天地为陵震怒，战士为陵饮血。单于谓陵不可复得，便欲引还，而贼臣教之，遂使复战，故陵不免耳。

昔高皇帝以三十万众，困于平城。当此之时，猛将如云，谋臣如雨，然犹七日不食，仅乃得免。况当陵者，岂易为力哉？而执事者云云，苟怨陵以不死。然陵不死，罪也。子卿视陵，岂偷生之士而惜死之人哉？宁有背君亲、捐妻子，而反为利者乎？然陵不死，有所为也。故欲如前书之言，报恩于国主耳。诚以虚死不如立节，灭名不如报德也。昔范蠡不殉会稽之耻，曹沫不死三败之辱，卒复勾践之仇，报鲁国之羞。区区之心，窃慕此耳。何图志未立而怨已成，计未从而骨肉受刑。此陵所以仰天椎心而泣血也！

足下又云："汉与功臣不薄。"子为汉臣，安得不云尔乎！昔萧、樊囚絷（zhí），韩、彭菹醢（zū hǎi），晁错受戮，周、魏见辜，其余佐命立功之士，贾谊、亚夫之徒，皆信命世之才，抱将相之具，而受小人之谗，并受祸败之辱，卒使怀才受谤，能不得展。彼二子之遐举，谁不为之痛心哉！陵先将军，功略盖天地，义勇冠三军，徒失贵臣之意，刭（jǐng）身绝域之表。此功臣义士所以负戟而长叹者也，何谓"不薄"哉？

且足下昔以单车之使，适万乘之虏，遭时不遇，至于伏剑不顾，流离辛苦；几死朔北之野。丁年奉使，皓首而归，老母终堂⑨，生妻去帷⑩，此天下所希闻，古今所未有也。蛮貊（mò）之人尚犹嘉子之节，况为天下之主乎？陵谓足下当享茅土之荐，受千乘之赏，闻子之归，赐不过二百万，位不过典属国，无尺土之封，加子之勤，而妒功害能之臣尽为万户侯，亲戚贪佞之类悉为廊庙宰。子尚如此，陵复何望哉？

且汉厚诛陵以不死，薄赏子以守节，欲使远听之臣望风驰命，此实难矣，所以每顾而不悔者也。陵虽孤恩，汉亦负德。昔人有言："虽忠不烈，视死如归。"陵诚能安，而主岂复能眷眷⑪乎？男儿生以不成名。死则葬蛮夷中，谁复能屈身稽颡（sǎng）⑫，还向北阙，使刀笔之吏弄其文墨耶！愿足下勿复望陵。

嗟乎，子卿！夫复何言？相去万里，人绝路殊。生为别世之人，死为异域之鬼，长与足下，生死辞矣！幸谢故人，勉事圣君。足下胤子^⑬无恙，勿以为念。努力自爱。时因北风，复惠德音。李陵顿首。

注释

① 子卿：苏武的字。② 荣问：美好的名声。③ 韦鞲：皮臂套。毳幕：毡帐。④ 鲸鲵：鲸鱼。雄为鲸，雌为鲵。此指被杀戮之身。⑤ 攘臂：捋起袖子，露出胳膊表示振奋。⑥ 忉怛：忧伤，悲痛。⑦ 枭帅：骁勇的将领。⑧ 练：同"拣"，挑选。⑨ 终堂：死去。⑩ 去帷：改嫁。⑪ 眷眷：怀念。⑫ 稽颡：古代的一种跪拜礼，屈膝下拜，以额触地，表示极度的虔诚。⑬ 胤子：儿子。

写作技巧

文章写作思路

① 与苏武进行简单礼貌性寒暄

② 概述投降匈奴后的悲痛愁苦

③ 详述自己迫不得已投降匈奴的过程

④ 据理反驳对李陵不杀身成仁的荒谬指责

⑤ 反驳苏武"汉对功臣不薄"的虚伪说教

⑥ 表达了与汉王朝决绝的态度

马援

　　马援，字文渊，东汉初扶风茂陵（在今陕西兴平东北）人。出身于官僚家庭，少有大志，后以纵囚获罪，亡命北地畜牧，宾客多有归附者。新朝末年，为新城大尹（汉中太守），后归附光武帝刘秀。建武十七年（41）任伏波将军，征交趾^{zhǐ}之乱，平之，封新息侯，后来病死军中。

诚兄子严敦书

马援的侄儿马严、马敦都喜欢讥笑议论别人，而且好结交些轻浮的侠客，马援以前在交趾的时候，写信回来告诫他们说：

"我希望你们听到别人的过失就像听到父母的名字一样，只能是耳朵听见，不能从口中说出。好议论别人的长短，胡乱评论国家的法度，这是我最厌恶的，我宁愿死也不愿听自己的子孙有这种行为。你们知道我对这种行为最是厌恶了，今天之所以又对你们讲起这些，正好像女儿出嫁时父母亲手给她系上衣服，披上围巾，重申父母的训诫一样，想教你们终生不忘罢了。

"龙伯高为人敦厚，办事周密谨慎，不说别人的坏话，谦逊节俭，廉洁奉公而有威严。我爱戴他敬重他，希望你们学习他。杜季良为人豪放，很讲义气，忧别人所忧，乐别人所乐，什么样的人他都不疏远，他在父亲出丧时邀请宾客前来，几郡的人

都赶来了。我爱戴他尊重他，却不希望你们学习他。学龙伯高不成，还可以做一个谨慎的人，也就是所谓'刻天鹅不成尚且还像野鸭'；学杜季良不成，就会堕落成为世上的轻薄子弟，所谓'画虎不成却像狗了'。到今天杜季良前途凶吉还不得而知，郡守一上任便对他切齿痛恨。州郡官员把这事说给我听，我常为他寒心，所以不希望我的子孙学习他。"

原文欣赏

援兄子严、敦①并喜讥议，而通轻侠客。援前在交趾②，还书诫之曰：

"吾欲汝曹闻人过失如闻父母之名，耳可得闻，口不可得言也。好议论人长短，妄是非正法，此吾所大恶也，宁死不愿闻子孙有此行也。汝曹知吾恶之甚矣，所以复言者，施衿^{jīn}结缡^{lí}③，申父母之戒，欲使汝曹不忘之耳。

"龙伯高④敦厚周慎，口无择言，谦约节俭，廉公有威，吾爱之重之，愿汝曹效之。杜季良豪侠好义，忧人之忧，乐人之乐，清浊无所失，父丧致客，数郡毕至。吾爱之重之，不愿汝曹效也。效伯高不得，犹为谨敕^{chì}⑤之士，所谓刻鹄^{hú}⑥不成尚类鹜者也；效季良不得，陷为天下轻薄子，所谓画虎不成反类狗者也。讫今季良尚未可知，郡将⑦下车辄切齿，州郡以为言，吾常为寒心，是以不愿子孙效也。"

注释

① 严：马严，字威卿。敦：马敦，字孺卿。② 交趾：郡名，在今越南北部。
③ 施衿结缡：系上衣服，披上围巾。④ 龙伯高：名述，东汉京兆人。
⑤ 谨敕：谨慎。⑥ 鹄：天鹅。⑦ 郡将：即郡守。

写作技巧

马援的告诫技巧

① 他把听到别人的过失比作听到父母的名字

1. 告诫侄子不要妄论他人长短

② 运用类比，说明可以听但不可议论的道理

2. 举龙伯高和杜季良的例子勉励侄子

① 龙伯高敦厚谦逊

② 杜季良"忧人之忧，乐人之乐"

③ 既是列举，又是反衬，足见马援的良苦用心

诸葛亮

　　诸葛亮，字孔明，琅琊阳都（今山东沂南）人。东汉末年，军阀混战，豪强割据，诸葛亮随叔父避乱荆州，隐居于南阳隆中（在今湖北襄阳西），号称"卧龙"。建安十二年（207）得到刘备三顾茅庐的知遇，其后辅佐刘备建立了蜀国，与魏、吴呈鼎足之势。公元221年，刘备称帝，拜诸葛亮为丞相。刘备死后，刘禅即位，封诸葛亮为武乡侯，领益州牧。诸葛亮励精图治，东联孙吴，北伐曹魏，后病死于五丈原军中。

前出师表

　　先帝创建大业未到一半而中途去世，现在天下三分，而益州地区最为困苦疲惫，这实在是关系到国家存亡的危急时刻了。然而朝中侍卫大臣丝毫不放松懈怠，忠诚有志的将士在外舍生忘死，这是因为他们追念先帝对他们有不同一般的恩遇，想要在陛下身上有所报答啊。陛下实在应当广开言路，光大先帝的遗德，使忠臣志士的精神得以振奋，不应该随便看轻自己，常常言语失当，从而堵塞了忠臣进言规劝的道路啊。宫廷中的近臣和丞相府的官员，都是一个整体，奖善罚恶，不应该有所不同。如果有做奸邪之事、触犯法令的人，以及那些尽忠行善的人，应当交付有关部门评判他们应得的惩罚和奖赏，来表明陛下公正严明的治理方针，不应该有所偏袒，使得内廷外府法度不一。

　　侍中、侍郎郭攸之、费祎、董允等人，都是贤良而且实在
的人，他们的志向思想忠诚纯正，因此先帝把他们选拔出来留
给陛下。我认为宫廷里的事务，不论大小，都应当先向他们咨
询，然后施行，那就一定能弥补缺漏，得到广泛的益处。将军
向宠，性格和善，办事公正，精通军事，从前试用他的时候，
先帝称赞他有才能，因此大家商议举荐他做中部督。我认为军
中的事，不论大小，都应该向他咨询，这样一定能使军中将士
和睦相处，才能不同的人能够各得其所。亲近贤臣，疏远小人，
这是先汉兴盛的原因；亲近小人，疏远贤臣，这是后汉颓败的
原因。先帝在世时，每次和我谈论此事，未尝不对桓、灵二帝
表示遗憾、痛恨。侍中、尚书、长史、参军，这些人都是坚贞

贤能、能以死殉节的忠臣，希望陛下亲近他们，信任他们，那么汉家的兴盛就可以计日而待了。

臣本来是个平民百姓，在南阳耕田种地，只想乱世中苟且保全性命，不希求在诸侯中间显身扬名。先帝不认为我地位低微、学识浅陋，自己降低身份，三次亲自到草庐中来拜访我，向臣咨询当今的大事，因此我深为感动，于是答应为先帝奔走效劳。后来遭逢战败，我受任于败军之际，奉命于危难之中，到现在已经二十一年了。先帝知道我做事谨慎小心，所以临终之时把国家大事托付给我。我自从接受了先帝的遗命以来，早晚忧虑叹息，唯恐完不成先帝的托付，因而损害了先帝的英明，所以在五月渡过泸水，深入到草木不生的荒凉地带。现在南方已然平定，武器军备已经充足，应当鼓励并率领三军进兵北方，平定中原；我也会竭尽自己愚钝的才能，铲除邪恶势力，兴复汉室，返还到故都去。这就是我用来报答先帝、效忠陛下所应尽的分内之事啊。至于权衡利弊得失，进献忠言，那就是郭攸之、费祎、董允他们的职责了。希望陛下委托我完成讨伐奸贼、复兴汉室的使命，如果我做不出成效，那就治我的罪，以上告先帝的英灵。如果没有要您发扬盛德的进言，那就责罚郭攸之、费祎、董允等人的过错，彰明他们的怠慢。陛下也应当自己谋划，征求治国的好办法，审察采纳正确的意见，深切地追念先帝的遗训，臣就受恩感激不尽了。现在要离开陛下远行了，面对奏表我眼泪落下，不知道说了些什么。

原文欣赏

先帝创业未半而中道崩殂^{cú}①，今天下三分，益州疲弊，此诚危急存亡之秋也。然侍卫之臣不懈于内，忠志之士忘身于外者，盖追先帝之殊遇，欲报之于陛下也。诚宜开张圣听，以光先帝遗德，恢宏志士之气，不宜妄自菲薄，引喻失义，以塞忠谏之路也。

宫中府中，俱为一体，陟罚^{zhì}臧否^{zāng pǐ}②，不宜异同。若有作奸犯科及为忠善者，宜付有司③论其刑赏，以昭陛下平明之理，不宜偏私，使内外异法也。

侍中、侍郎郭攸之、费祎、董允等，此皆良实，志虑忠纯，是以先帝简拔以遗^{wèi}陛下。愚以为宫中之事，事无大小，悉以咨之，然后施行，必能裨^{bì}④补阙漏，有所广益。

将军向宠，性行淑均，晓畅军事，试用于昔日，先帝称之曰能，是以众议举宠为督。愚以为营中之事，悉以咨之，必能使行阵和睦，优劣得所。

亲贤臣，远小人，此先汉所以兴隆也；亲小人，远贤臣，此后汉所以倾颓也。先帝在时，每与臣论此事，未尝不叹息痛恨于桓、灵也。侍中、尚书、长史、参军，此悉贞良死节之臣也，愿陛下亲之信之，则汉室之隆，可计日而待也。

臣本布衣，躬耕于南阳，苟全性命于乱世，不求闻达于诸侯。先帝不以臣卑鄙，猥自枉屈，三顾臣于草庐之中，咨臣以当世之事，由是感激，遂许先帝以驱驰。后值倾覆，受任于败军之际，奉命于危难之间，尔来二十有一年矣。

先帝知臣谨慎，故临崩寄臣以大事也。受命以来，夙夜忧叹，恐托付不效，以伤先帝之明，故五月渡泸，深入不毛。今南方已定，兵甲已足，当奖率三军，北定中原，庶竭<ruby>驽<rt>nú</rt></ruby>钝⑤，攘除奸凶，兴复汉室，还于旧都⑥。此臣所以报先帝而忠陛下之职分也。至于斟酌损益，进尽忠言，则攸之、祎、允之任也。

愿陛下托臣以讨贼兴复之效；不效，则治臣之罪，以告先帝之灵。若无兴德之言，则责攸之、祎、允等之慢，以彰其咎。陛下亦宜自谋，以咨<ruby>诹<rt>zōu</rt></ruby>⑦善道，察纳雅言，深追先帝遗诏。臣不胜受恩感激。今当远离，临表涕零，不知所言。

注释

① 先帝：指刘备。殂：死亡。② 陟：提拔。臧否：赞扬和批评。

③ 有司：负责专职的官员。④ 裨：弥补，补助。⑤ 庶：但愿。

驽钝：才能低下。⑥ 旧都：原来的都城，指东汉都城洛阳。

⑦ 诹：询问。

写作技巧

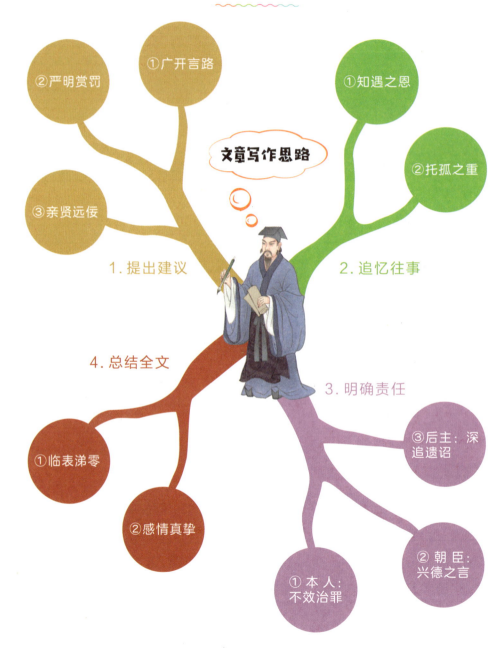

②严明赏罚

①广开言路

①知遇之恩

②托孤之重

文章写作思路

③亲贤远佞

1.提出建议

2.追忆往事

4.总结全文

3.明确责任

③后主：深追遗诏

①临表涕零

②感情真挚

②朝臣：兴德之言

①本人：不效治罪

后出师表

　　先帝考虑到汉室和篡汉的奸贼不能同时存在，帝王的事业不能偏安于一州之地，所以临终时托付我讨伐奸贼，凭先帝的英明，揣度（duó）我的才干，原本就知道我率兵讨贼，是我的才能薄弱而敌人强大啊。但是不去征伐，帝王的事业也会毁灭，与其坐等灭亡，何不去讨伐他们呢？所以把这事托付给我而不再犹豫。我自受命的那天起，就每日睡眠不安，吃饭也没有味道，思虑着要北伐中原，应该先平定南方。所以五月率兵渡过泸水，深入草木不生的荒凉地带，两天只吃一顿饭。我并非不知自我爱惜，但思虑到王业不能偏安于蜀地，所以冒着艰难险阻来奉行先帝的遗愿，而议论朝政的人却说这并非上计。如今曹贼正在西方疲于奔命，又忙着应付东方的战事，兵法说打击敌人就要趁他疲劳的时候，而现在应该正是前去打击的时候。现在我把讨贼的事恭敬地陈述如下：

　　汉高帝的英明可与日月相比，周围的谋臣智略深远，但仍然是经历艰险、身受创伤、度过危难之后才得到平安。如今陛

下不及高帝，身边的谋臣比不上张良、陈平，而想用长久与敌对峙的策略取得胜利，坐着不动就平定天下，这是我不能理解的第一点。

刘繇（yáo）、王朗各据州郡，在那里空谈安危之道，言说计策谋略，动不动就引用圣人的话，大家肚子里满是疑问，众多的难题郁积在胸中，今年不作战，明年不出征，结果使孙策没有任何干扰地强大起来，吞并了江东土地，这是我不能理解的第二点。

曹操的智谋心计超越常人。他在用兵方面，能与古代的孙膑、吴起相提并论，然而还曾被困于南阳，遇险于乌巢，遭受危难于祁连，在黎阳受到逼迫，几乎战败于北山，差点丧命在潼关，然后才取得了暂时的安定。何况是像我这样才疏学浅，怎能不冒危难就能安定天下？这是我不能理解的第三点。

曹操曾五次攻打昌霸而不能取胜，四次越过巢湖攻打孙吴而未能成功。任用李服，李服却图谋害他；委任夏侯渊，夏侯渊却落得个战败身亡。先帝经常称赞曹操是个有才能的人，他尚且有这些失误，何况我才能低下，又怎能保证一定会胜利呢？这是我不能理解的第四点。

自从我来到汉中，已经一年了，其间死了赵云、阳群、马玉、阎芝、丁立、白寿、刘郃（hé）、邓铜等人，还有曲长、屯将七十余人，这些都是冲锋陷阵、所向无敌的猛将；还丧失了賨（cóng）、叟、青、羌的散骑、武骑一千多人。这些都是几十年间从四方召集来的精锐，不是益州一州所能有的。如果再经过几年，就会减损三分之二了，到那时还拿什么来对付敌人呢？这是我不能理解的第五点。

如今人民穷困，士兵疲惫，而战事却不能停止。战事不能

停止，那么坐着等待敌人的进攻和主动出击，在劳务和费用上其实是相等的。如果不趁早策划去攻打敌人，想用一州的地方跟贼人长久对峙，这是我不能理解的第六点。

最难预料的是战事。过去先帝在楚地战败，那时候，曹操高兴地拍手，说是天下已经平定了。可是后来先帝东面联合孙吴，西面攻取了巴蜀，举兵北伐，斩了夏侯渊的头，这是曹操没有预料到的；而当汉室大业的复兴眼看就要成功的时候，又有了孙吴的背弃盟约，关羽的战败身死，先帝在秭^{zǐ}归的挫败，曹丕的篡汉称帝。一切事情就是这样，难以预料。我只有鞠躬尽瘁^{cuì}，死而后已，至于成功或是失败，顺利还是困难，就不是我的聪明所能够预见的了。

　　先帝虑汉、贼不两立，王业不偏安，故托臣以讨贼也。以先帝之明，量臣之才，固知臣伐贼，才弱敌强也，然不伐贼，王业亦亡，惟坐而待亡，孰与伐之？是故托臣而弗疑也。臣受命之日，寝不安席，食不甘味。思惟北征，宜先入南，故五月渡泸，深入不毛，并日而食。臣非不自惜也，顾王业不可偏安于蜀都，故冒危难以奉先帝之遗意，而议者谓为非计。今贼适疲于西，又务于东，兵法乘劳，此进趋之时也。谨陈其事如左：

　　高帝明并日月，谋臣渊深，然涉险被创，危然后安。今陛下未及高帝，谋臣不如良、平①，而欲以长策取胜，坐定天下，此臣之未解一也。刘繇、王朗②，各据州郡，论安言计，动引圣人，群疑满腹，众难塞胸。今岁不战，明年不征，使孙策坐大，遂并江东，此臣之未解二也。曹操智计殊绝于人，其用兵也，仿佛孙、吴，然困于南阳，险于乌巢，危于祁连，逼于黎阳，几败北山，殆死潼关，然后伪定一时尔。况臣才弱，而欲以不危而定之，此臣之未解三也。曹操五攻昌霸不下，四越巢湖不成。任用李服而李服图之，委任夏侯而夏侯败亡。先帝每称操为能，犹有此失，况臣驽下，何能必胜？此臣之未解四也。自臣到汉中，中间期年耳，然丧赵云、阳群、马玉、阎芝、丁立、白寿、刘郃、邓铜等及曲长、屯将七十余人③，突将、无前、賨、叟、青、羌散骑、武骑一千余人④，此皆数十年之内所纠合四方之精锐，非一州之所有；若复数年，则损三分之二也，当何以图敌？此臣之未解五也。今民穷兵疲，而事不可息。事不可息，则住与行劳费正等，而不及早图之，欲以一州之地与贼持久，此臣之未解六也。

夫难平者，事也。昔先帝败军于楚⑤，当此时，曹操拊手，谓天下已定。然后先帝东连吴、越⑥，西取巴、蜀，举兵北征，夏侯授首，此操之失计而汉事将成也。然后吴更违盟，关羽毁败，秭归蹉^{cuō}跌⑦，曹丕称帝。凡事如是，难可逆料。臣鞠躬尽力，死而后已，至于成败利钝，非臣之明所能逆睹也。

注释

① 良、平：指汉高祖刘邦手下著名谋士张良、陈平。② 刘繇：东汉末任扬州刺史。王朗：东汉末为会稽郡太守。③ 曲长、屯将：都是军官。曲、屯，都是古代军队的编制单位。④ 賨、叟、青、羌：都是西南地区的少数民族。⑤ 败军于楚：指建安十三年（208），刘备兵败古楚地当阳长坂事。⑥ 东连吴、越：指建安十六年（211），刘备联合江东孙吴共击曹操事。⑦ 秭归：在今湖北境内。章武二年（222），刘备在这里被吴军击败。蹉跌：失足跌倒。

写作技巧

文章写作思路

1. 高屋建瓴地指出讨伐曹魏是当务之急

4. 论述世事多变，难以预料，必须尽力而为

① 一是实现先帝遗愿的决心

2. 从两方面论述蜀中非议的错误

② 二是当前形势的有利

3. 从六个方面驳斥蜀中非议的错误

① 举汉高帝的例子，说明不能坐定待胜

② 吸取刘繇、王朗的教训，说明不能不战而使敌人壮大

③ 吸取曹操屡遭困厄的教训，说明难以不冒危难而安定

④ 吸取曹操一再失误的教训，说明庸才难以取胜

⑤ 兵将逐渐衰亡，进军越迟人数越少，更难以图敌

⑥ 目前民穷兵疲，必须及早图敌，才能克敌制胜

图书在版编目（CIP）数据

藏在古文观止里的那些事儿：思维导图彩绘版.⑤，
汉文/新新世纪编.-- 五家渠：新疆生产建设兵团出
版社，2022.3

ISBN 978-7-5574-1782-6

Ⅰ.①藏… Ⅱ.①新… Ⅲ.①古典散文－散文集－中
国②《古文观止》－青少年读物 Ⅳ.① H194.1-49

中国版本图书馆 CIP 数据核字（2022）第 032736 号

责任编辑：吴秋明

藏在古文观止里的那些事儿：思维导图彩绘版.⑤，汉文

出版发行	新疆生产建设兵团出版社
地　　址	新疆五家渠市迎宾路 619 号
邮　　编	831300
电　　话	0994-5677185
发　　行	0994-5677116
传　　真	0994-5677519
印　　刷	三河市双升印务有限公司
开　　本	710毫米 ×1000毫米　1/16
印　　张	35
字　　数	30 千字
版　　次	2022 年 3 月第 1 版
印　　次	2022 年 4 月第 1 次印刷
书　　号	ISBN 978-7-5574-1782-6
定　　价	198.00 元